AF375547

FSC
www.fsc.org
MIX
Papier aus ver-
antwortungsvollen
Quellen
Paper from
responsible sources
FSC® C105338

bilder die auftauchen
für einen augenblick

wieder versinken
im dunklen blau der nacht

Gregor Graf 1935 in Bern geboren, lebt seit vielen Jahren im deutsch- und französischsprachigen Biel/Bienne in der Schweiz. Bis zu seiner Pensionierung arbeitete er erfolgreich als Chemiker. Er schreibt Haiku und andere Gedichte. Viele davon sind in Zeitschriften und Anthologien erschienen, wurden ins Englische und Französische übertragen. Er ist Mitglied der *Deutschen Haiku-Gesellschaft*.

gregor graf

nichts

besonderes

mit 8 Abbildungen vom Autor

drei
zeilen
nur

eines morgens

sterne wie zufällig
hingestreut
in die nacht

kein laut
als ob es die zeit
nicht gäbe

reines
silber
der mond

träume
schweben irren
über den dächern

der morgenstern
funkelt
von weit her

im gebüsch
vögel
sich räuspern

die birke
traumversunken
regennass

da poltert
der kübelwagen
um die ecke

im wind schon
das morgenlob
der amsel

der bäcker
gähnt
löscht das licht

ein penner schlurft
vorbei am duft
vom warmen brot

ein wuschelkopf
will kuscheln
unter meiner decke

im bad
gurgelt sie
let it be - let it be

in der kaffebar
noch schnell
ein ristretto

der kellner
ruft über die straße
ciao rosina

am wegrand

vom frühlingsregen
erwacht das
veilchen

sie bückt sich
schaut
staunt lange

der kirschbaum
gleich
wird er blühen

sie ist schwanger
umfasst zärtlich
den leib

ein haiku
am wegrand
kornblumen

löwenzahn
wie tausend
sonnen

auf alten wegen
ein zitronenfalter
fröhlich voraus

ohne hast
die hummel
von blüte zu blüte

das korn
ist reif
knistert

diese hitze
alles
flimmert

im kirchturm
räder rattern
für den einen schlag um eins

unter den platanen
die alten männer
dösen

einer stochert
im kies
lächelt mir zu

vom letzten licht der sonne
die spinne
das gold verwebt

die lerche
unerreichbar
der himmel

kinderleicht

als kind
eingeschlafen
zufrieden wie alles ist

die tür spaltbreit offen
staunen in die grelle welt
der großen

kriegsgeschrei
im hinterhof
sioux und apachen

die friedenspfeife
ob sie noch
da ist

schaukeln
zwischen
himmel und erde

beim ballspiel
etwas ging hin und her
zwischen ihr und mir

deutschstunde
ein maikäfer brummt
wer war das

zum muttertag
pflückte er die blumen
heimlich beim nachbar

die linden blühten
und diese verworrenen
nächte

im dunkeln
zwei sanfte augen
später sagt sie

lange schatten

im nassen gras
pflaumen und
wespen wespen

verklungen
die sommerlieder
das lachen der kinder

der ginko
ringsum sein gold
verstreut

das geräusch
wenn das letzte blatt
sich löst vom zweig

wohin
der rosenduft
wohin

die grille
doch vom blühen
zirpte

voll tränen
der lange weg
zur trauerweide

tief im berg
das pochen
der zeit

für i

wo mag sie sein
zwischen
den sternen

wie leicht sie war
als sie ging
aus raum und zeit

was sie sah zuletzt
die augen weit
offen

asche
kostbar
was blieb

behutsam
trug er sie
mit blumen geschmückt

erde
sie liebevoll
umfing

es war
als ob die amsel
für sie sänge

wie schön
sie war
im luftigen kleid

ihr lachen
der frische duft
der haut

ein rosendorn
sie zupfte
bleib noch

als könnte sie wieder
kommen vom laufen
dem neuen tag entgegen

die kleine hand
die ich
hielt

stumm
und
nah

das eine blatt wie gold
beschrieben mit
jahr und namen

inhalt

von Gregor Graf sind bisher erschienen:

2014   fünfzig gedichte
       ISBN 9-783732-287987

2015   Haiku im Abendwind
       ISBN 9-783738-624113

2017   leichter als ein schmetterling
       ISBN 9-783741-292286

2018   nichts weiter
       ISBN 9-783752-812961

2020   drei zeilen nur ein wenig wind
       ISBN 9-783752-611069

2021   der anfang von etwas
       ISBN 9-783755-716457

alle bei BoD Books on Demand Norderstedt